Eitler Pfau küsst arme Sau

Eitler Pfau küsst arme Sau

Tierische Verse von Erhard Dietl
mit Bildern von Reinhard Michl

Man nennt mich
 FAULER HUND,
  KRUMMER HUND,
  FEIGER HUND
 und
 SCHWEINEHUND.
 FALSCHER HUND,
 SCHLIMMER HUND
 und auch
 SAU- und LUMPENHUND.

Doch ich bin ein
 STURER HUND.
   Ich sage nur ganz cool:
   Na und?

Der TOLLE HECHT war sehr verknallt
in eine FLOTTE BIENE.
Er nannte sich »von Edelwald«
und sie hieß schlicht Christine.

Der TOLLE HECHT gab sich sehr cool
er trug ein güld'nes Kettchen.
Sie tranken Sekt am Swimmingpool,
dazu gab es Krevettchen.

Der TOLLE HECHT umarmte sie
auf seidenen Matratzen.
Er legte ihr die Hand aufs Knie
und fing gleich an zu schwatzen.

Der TOLLE HECHT sprach nur von sich,
bis sich die Balken bogen.
Als er dann fragte: »Liebst du mich?«,
hat sie ihn angelogen.

Zwei **WANDERVÖGEL** sangen
ein grauenhaftes Lied.
Der eine aus Feuchtwangen,
der andere aus Neuried.

Ein **BAUERNBÜFFEL**-Rentner,
der stimmte gleich mit ein.
Er wog bestimmt drei Zentner,
doch dafür war er klein.

Die **SPINATWACHTEL** aus London sang
aus voller Kehle mit –
nur, dass es grausam englisch klang,
das war der Unterschied.

Das Erzgebirge war ihr Ziel,
sie sangen ohne Gnade.
So mancher arme Vogel fiel
vom Baum. Ach, war das schade!

Der DAMISCHE HIRSCH*

Er duzt den Pfarrer und den Lehrer,
spielt bei der Kellnerin Verehrer,
er trinkt am Morgen schon drei Bier
und geht nur ungern vor die Tür.
Er grantelt* gern, er spricht nur wenig
und wenn er spricht, dann ist er König.
Wenn er Urlaub hat, dann geht er
hundertfünfundzwanzig Meter
bis zum Gasthof »Grünes Eck«,
dort bleibt er dann, geht nicht mehr weg
und quält die schöne Kellnerin
mit Weltverbesserungstheorien.

* damischer Hirsch = bayrischer Ausdruck für einen wunderlichen Menschen

* granteln = verdrießlich, mürrisch sein

Die **ARME SAU** fuhr Achterbahn
gerade als der Schlachter kam.
Die **ARME SAU** blieb stundenlang
   in der wilden Achterbahn
  aus Angst vor diesem
   Schlachtermann.
 Übel wurde ihr und bang,
und als sie ausstieg irgendwann,
da – schau dir diesen Schlachter an –
er saß im Bierzelt nebenan,
hat längst die Sau vergessen.

Der SCHLUCKSPECHT fragt
zwei BORDSTEINSCHWALBEN:
»Wie wärs mit uns drei beiden?«
Ein Rülpser nach diversen Halben,
er lässt sich nicht vermeiden.

Da schimpft die eine: HALBER HAHN!
Die andere tritt ihn ins Gesäß.
Der SCHLUCKSPECHT – bleich wie Porzellan –
erbricht ins Trinkgefäß.

Was will uns die Geschichte sagen?
Was lernen wir daraus?
Nicht immer, wenn wir etwas fragen,
gibts automatisch auch Applaus.

Eine kleine **WASSERRATTE**,
die große Lust zum Baden hatte,
stapfte durch die Wüste
und suchte nach der Küste.

Tagelang ist sie gelaufen,
dann setzt sie sich, um zu verschnaufen
in den heißen Wüstensand
und denkt: »Was für ein Wahnsinns-Strand!«

Da drüben läuft ein
KRUMMER HUND
mit zwei linken Füßen.
Er ist ein **HOHES TIER**, na und?
Muss ich ihn deshalb grüßen?

Der ARME WURM,
er braucht kein Geld,
er liegt in seiner Pfütze.
Er freut sich, wenn der Regen fällt,
und ist zu gar nichts nütze.

Er braucht kein Haus und keinen Staat,
er muss sich nicht versichern.
Und wer sehr gute Ohren hat,
der hört ihn leise kichern.

Der **BÜCHERWURM** liest gern im Bett,
er liegt da nicht alleine.
Die **SCHMUSEKATZE** schnurrt kokett
und zeigt ihm ihre Beine.

So mischt sich trefflich Literatur
mit den süßen Trieben.
Doch so was funktioniert auch nur,
wenn sich zwei heftig lieben.

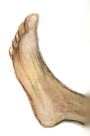

Sieh nur, der **PARTYLÖWE** träumt!
Wie er sich im Schlaf aufbäumt!

Im Traum, da sieht er **BETTHASEN**
mit süßen kleinen Stupsnasen.
Sie haben alle schöne Nacken
und können Plätzchen backen.
Sie salben seine Löwenhaut
mit einem ganz speziellen Kraut,
massieren ihn und tun ihm Gutes,
sie lachen und sind frohen Mutes …!

Da wacht er auf – er schaut umher,
neben ihm der Platz ist leer.
Der Wecker zeigt drei viertel zehn,
höchste Zeit jetzt aufzustehn!
Ein Kaffee, schnell, und noch rasieren …
wie jeden Tag tut es pressieren.
Schon sieht man ihn zur U-Bahn laufen,
nicht mal Zeit zum Zeitung kaufen,
doch irgendwie wirkt er sehr heiter,
kaum im Büro, schläft er schon weiter,
denn immer beim Büroschlaf dann
fängt sein Traum von vorne an!

Nun ja, wie so oft im Leben,
das wirklich coole – träumt man eben.

Das **BLINDE HUHN**,
das fand im Kühlschrank
eine Flasche Korn.
Und weil es die
sofort auf ex trank,
hats den Verstand verlorn.

DRECKSAU
ist kein schönes Wort,
man sollt' es nicht mal denken.
Wenn du mich einmal
DRECKSAU nennst,
dann würde mich das kränken.

Dort in dem Bürogebäude
herrscht wieder mal die größte Freude.
BÜROHENGSTE umarmen sich!
AMTSSCHIMMEL wiehern feierlich!

Warum sind alle so von Sinnen?
Fangen sie jetzt an zu spinnen?
Ganz einfach, ich sags unumwunden:
Man hat ein Formular erfunden!
Ein Formular, das Nerven frisst,
weils schwerlich auszufüllen ist!
Ein Formular, das sehr erheitert,
weil garantiert ein jeder scheitert,
das sich selbst in Frage stellt ...
das längste Formular der Welt!

Man hört Champagnerkorken knallen,
Kollegen untern Schreibtisch fallen ...
Wie schön, wenn sich der kleine Mann
noch so richtig freuen kann!

Ein **SCHRÄGER VOGEL** sang sehr schief,
er traf nie einen Ton,
jeder, der ihn hörte, lief
oder flog davon.

Er störte jede Harmonie,
er kreischte ganz abscheulich,
warum war dieses Federvieh
so laut und unerfreulich?

Dem **SCHRÄGEN VOGEL** wars egal,
er liebte seine Lieder
und eine kleine Nachtigall –
bei ihr ließ er sich nieder.

Bald sangen beide im Duett,
sie trillerte, er schrie,
nachts lagen sie im Doppelbett
in schönster Harmonie.

Rosi ist kein HASENFUSS,
sie gibt dem KNALLFROSCH einen Kuss.
Sie umarmen sich ganz eng,
da macht es peng!

Rosi ist kein HASENFUSS,
sie gibt dem MONDKALB einen Kuss.
Hier hat das Küssen sich gelohnt,
sie wohnt jetzt bei ihm auf dem Mond!

Das **DUMME HUHN**, es hält Diät,
weil es um die Schönheit geht,
und als es endlich dünner ist,
weil es nur Magerkörner frisst,
da kräht der Hahn, wie's halt so geht,
dass er auf dicke Hühner steht!

Ein UNGLÜCKSRABE
namens Harry
kaufte sich einen Ferrari.
Sein imposanter Kontostand
erlaubte ihm so allerhand.
Bei einer guten Flasche Wein
fiel ihm das Spielcasino ein …
Einsam fuhr er durch die Nacht
und nur der Mond hielt für ihn Wacht.
Über Baden-Baden
hingen Nebelschwaden.
Ein Neonreklameengel stand
grinsend am dunklen Straßenrand.
Harry hat die A5 genommen,
er ist bis heut nicht angekommen.

Der **LUSTMOLCH** hat nur eins im Sinn,
möglichst großen Lustgewinn.
Hohe Schuhe, kurze Röckchen,
blondes Haar, wenns geht, mit Löckchen,

    die Haut so glatt wie Mirabellen,
    freie Sicht auf heikle Stellen...
    LUSTMOLCHE, sie transpirieren,
    wenn sie davon fantasieren.

Denn Gott versah ein jedes Weib,
mit einem wunderbaren Leib.
Des **LUSTMOLCHS** wilde Fantasien
bleiben meistens Theorien.

        Und träumt er nachts von 1000 Frauen,
        er ist und bleibt für sie das Grauen.

Durchgestyled vom Starfriseur,
Jacketkronen hinterher,
die Figur, na ja, wir schummeln,
du trägst ganz einfach Streifenfummel.
Gute Presse? Gar nicht schwer,
wir kaufen jeden Redakteur,
und du kriegst eine neue Vita,
wir nennen dich dann Lovely Rita …

SUPPENHUHN, es ist ganz klar,
wir machen dich zum SUPERSTAR!
Gib dir auch ein wenig Mühe!
Steig raus aus der Gemüsebrühe!

Da steht der kleine SCHWEINIGEL
in Strapsen vor dem Spiegel!
Unten schaut sein Schwänzchen raus,
und das sieht sehr verboten aus.

Stromausfall … die Seilbahn steht!
Zwei Tage, bis es weitergeht!

PISTENSÄUE rasen
in stürzende **SKIHASEN!**

An der Liftanlage:
Massenkarambolage!

Donnernde Lawinen
zermalmen Dorflatrinen!

Nur Gaby, diese **SÜSSE MAUS**, ist froh,
sie liegt grippal zu Haus in Iserloh.

An einem schönen Tag im Mai,
da fraß ein alter BÖRSENHAI
ein UNSCHULDSLÄMMCHEN
namens Klaus
und spuckte es gleich wieder aus.

Er drängte Klaus zum Aktienkauf,
und der nahm schnell Kredite auf.
Sieh nur, wie die Aktie steigt,
weil steil der Kurs nach oben zeigt!

Klausi, den das sehr erregt,
hat nochmal kräftig nachgelegt.
Doch hoppala, wie kann das sein …
plötzlich bricht die Börse ein!

Und alles stürzt ins Bodenlose!
Klaus verpfändet Hemd und Hose.
Allein der alte BÖRSENHAI
küsst Hulamädchen auf Hawaii.

Der **FETTMOPS** aß Kartoffelbrei
und wenn er aß, aß er für drei.
Er aß den Braten, aß Salat,
aß zehn Eier und Spinat,
aß Rindergulasch mit Kroketten,
zum Nachtisch die Papierservietten.

Er aß den Tisch, er aß die Lampe,
der **FETTMOPS** hielt sich seine Wampe
und aß das ganze Zimmer leer,
er aß den neuen Staubsauger,
er aß das Haus, er aß den Garten,
aß den Mercedes, diesen harten,
er trank danach den Bodensee,
als wär' der nur ein Tässchen Tee.

Er trank die Donau und den Rhein,
jetzt fiel ihm noch die Nordsee ein,
er trank die sieben Meere leer,
er soff und fraß und wollte mehr,
er fraß ganz Deutschland und die Schweiz,
auch China war nicht ohne Reiz …
kein Kontinent wurde vergessen,
er hat die Erde weggefressen!
Da trudelt er im All herum,
und stöhnt:
»Jetzt wär' ein Schnaps nicht dumm!«

1. Auflage 2003

© 2003 arsEdition GmbH, München
Alle Rechte vorbehalten
Umschlag und Illustration: Reinhard Michl
Text: Erhard Dietl, www.erhard-dietl.de
Redaktion: Silke Kords
Herstellung und Satz: Harald Meyer
ISBN 3-7607-2021-8

www.arsedition.de